一个完美的时机

A Purrrfect Time (Mandarin Translation)

Written by Sam Miller

The Purrrfect Time was written originally in English
and translated into the following languages:
Thai, Vietnamese, Tagalog, German, Spanish, Portuguese,
Mandarin, Bengali, French, Hindi.

Copyright © 2021 by Samuel Miller

All rights reserved. No part of this publication may be reproduced, stored in a retrieval system, or transmitted, in any form or by any means, electronic, mechanical, photocopying, recording, or otherwise, without the written prior permission of the publisher.

ISBN 9781777303891

Book design by Hiroki Nakaji

Printed and bound with IngramSpark

Armed Bandit Publishing

当我只是一个小猫的时候，我遇到了
那时他的生活更容易; 两只胳膊他都有。
有一天 在一次事故中失去了一只胳膊,
但他没有失去笑容!这个故事提醒我
们要关注让自己开心的事情，永远不要放弃
。和我一起回顾一下我生活中的一些时刻吧。

我叫(母猫), 我要说出来一个故事。

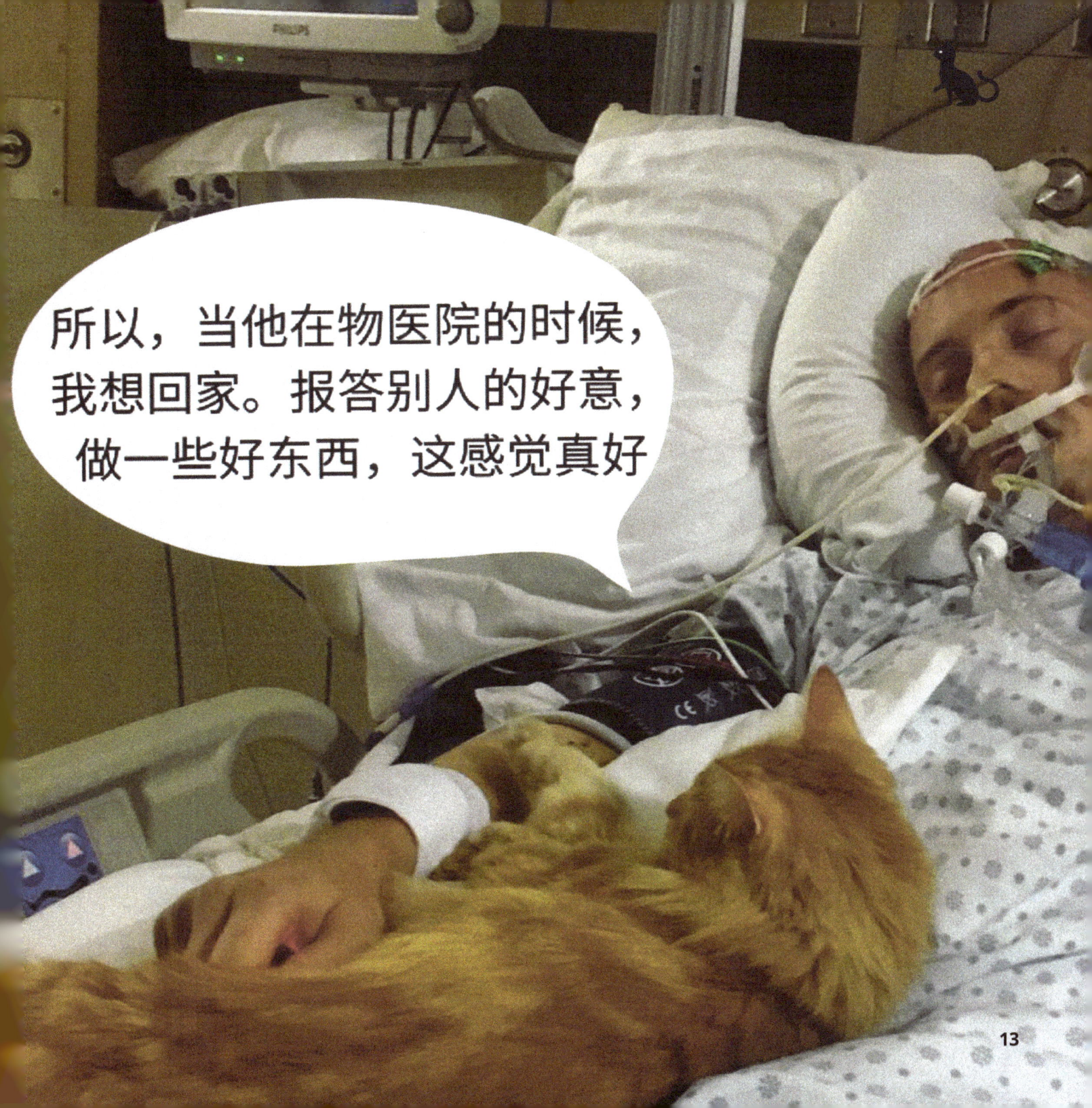

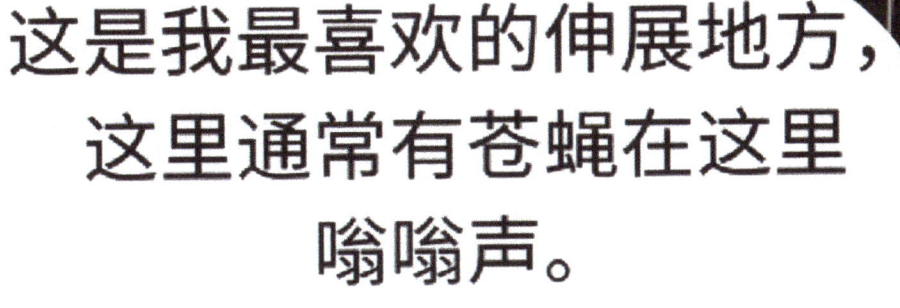

这是我最喜欢的伸展地方,这里通常有苍蝇在这里嗡嗡声。
我非常喜欢追逐苍蝇!

这是一个适合休息的完美地方。在Sam的身边,我就感到非常开心和舒适。和能让你快乐的人在一起很重要。我们在一起的时候,总会有美好的生活。

有时候，当我和别人说话时，我没在听见，

因为我在想我要说什么。人们希望被听到，

并知道你在听见他们说话。我意识到关注他们对

您说的话非常重要，然后他们会对你说的话感兴趣。

我的为人就是我花最多时间的人。

我一定要把时间花在我信任的、尊重的、

享受其陪伴的人。

当我遇到困难，我开始挣扎或面临挑战时，

这就是我关于我自己和我的朋友发现了很多的时候。

我学会了接受斗争和失败，并在需要的时候寻求帮助。

你在每张照片 🐈 中都有没有找到了猫?

这本书一开始是我的一个爱好。这是让我从我生活中面临问题的一种方式。这是我需要的治疗。它让我学到了很多关于自己的知识，以及怎么应对挑战和困难的情况。我很久以为我知道生命的意义，知道什么是最重要的。我错了。当我面对新的挑战并克服这些挑战时，我才开始意识到什么对我很重要。然后，我就能决定什么会让我感到快乐。失败，再试一次，完全不丢脸。几乎都是人们的决心得到他们想要的。你要坚强。

着色页面